AF405918

El logro de la quietud

Regina Navarro Moncayo

A mis padres, por todo;
a Miguel, por ser mi quietud.

CONTENIDO

AL PRINCIPIO

FRAGILIDAD

> *Esta es la paradoja del amor entre el hombre y la mujer:*
> *dos infinitos se encuentran con dos límites.*
>
> Rainer María Rilke

Buscas un amor infinito:
que abrace tus defectos
y descubra, en tus errores, un poder sanador.
Mostrar la fragilidad de un alma desnuda,
la tuya.
En ese infinito proyectas un horizonte palpable
en el que vivir cada día al abrigo de un corazón
tan lleno de límites como el tuyo.
Se ensancha, quiere abarcar la plenitud.
Una plenitud llena fragilidades,
con una limitada capacidad de amar.
Te chocas contra el cuerpo finito del de al lado;
y él contra el tuyo.

MIENTRAS TANTO

AMOR

La Real Academia Española contempla catorce definiciones para la palabra amor.
*La primera es: sentimiento intenso del ser humano que, partiendo de su propia
insuficiencia, necesita y busca el encuentro y unión con otro ser.*

Catorce formas parecen pocas,
pero encierran muchas.
El sentimiento, el afecto, la suavidad,
el sexo, el esmero, el otro,
la voluntad, el consentimiento,
el cariño, las relaciones…
Verdades incompletas.
Fuiste tú al ver la luz del mundo,
el llanto desconsolado del nacido,
las manos temblorosas de sus padres.
Las riñas absurdas de dos hermanos,
las manos arrugadas de los abuelos,
los juegos interminables de los primos.
Mariposas de un estómago de niño
cuando ella lo mira y sonríe,
el calor húmedo de un beso en los labios,
el calor seco en los vaqueros.
Son las golondrinas de Bécquer,
las tierras castellanas de Machado,
tantos poemas de Neruda.
Es un Dios que observa el mundo,
y un ser que se siente arropado.

El trabajo bien hecho,
la palabra de ánimo al de al lado,
desencuentros tras los que pedir perdón.
La pasión de dos estudiantes,
el sexo con amor de los casados,
el sexo con fervor de los solteros.
Es la búsqueda tácita de la vida…
Catorce formas encierran muchas,
pero son pocas.

EDADES

El primero llega al abrir los ojos.
Todavía no tiene nombre
ni sabe que marcará sus días.
Puro, cálido, sencillo.
Luego aparece en su forma más blanda:
bichos en el estómago,
cosquillas desde dentro.
Y la pasión,
que sabe mejor
cuando es (in)madura.
Se corrompe en la quietud
de unas manos pasajeras.
La promesa de un después que
nunca llega.
Margaritas deshojadas
pisoteadas sin pensar en un mañana
tras otro.
Un café descafeinado,
sin azúcar, por favor.
Otra vez.
Reflejo en un cristal que ilumina
la mirada de enfrente,
la respiración dormida.
Un principio sin final
que no es eterno ni su búsqueda
necesaria.
Se mece en la espera.

PRIMER BESO

Cálido,
fugaz,
eterno.
Se dibuja en la memoria
sin quererlo.

LA PRIMERA VEZ

Escalofrío en la espalda,
en el pecho un calor desconocido
mientras la piel arde.
Mi saliva se evapora
al contacto con tu cuello,
romería de sabores nuevos.
Suspiros,
se transforman en
respiración entre-
cortada.
Y el poder de acariciar
el alma
desde dentro.
Cuerpos acompasados,
se ahogan en un jadeo.

AMOR DE VERANO

Con el rumor del oleaje,
dimos la bienvenida al verano,
principio y fin de mis excesos.
Llegaste mientras esperaba
señales de un cielo transparente.
Dos ojos quietos,
una palabra entremedias,
el poder de engrandecer lo mundano.
Noches de ron y cerveza
transformadas en mañanas
que no llegan, otra vez.
Deseo, atracción y tiempo,
la conjura de un amor intermitente.
Mordiscos en los labios,
y en las manos rigidez,
y dureza,
para apartar los restos
de una estación uniforme
de atardeceres claros.

CRUCE DE CAMINOS

Hacía tiempo que me veías de perfil,
pero no logré darme cuenta
o tal vez no quise hacerlo.
Las señales siempre estuvieron:
una puerta entornada,
demasiados silencios incómodos,
la televisión siempre encendida,
tus ojos esquivos.
¿Fueron mis palabras?
¿Tal vez mis silencios?
Fue mi egoísmo,
el *yo, mi, me, conmigo.*
Un *nosotros* que se fue diluyendo
como el café instantáneo
cada mañana en una taza de leche caliente.
Era la bifurcación del camino,
pasos a destiempo y dudas
de no haber hecho lo correcto.

CONJUGAR

Si me muerdes
no sangro
ni quedan cicatrices.
Si te muerdo
el sabor es nuevo,
dulce.
Si nos mordemos
atrapamos
el fluir.
Si se muerden
concluye
el juego.

UNA VIEJA HERIDA

*Somos un montón de heridas abiertas que chocan
entre sí todo el día, todos los días.*

Anne Akua Barlinckhoff

Una palabra más alta que otra.
Los ojos vidriosos preceden a la lágrima,
el pálpito en la sien, temblor en las manos.
La garganta te recuerda el motivo: la soledad
del acompañado; el miedo a lo oscuro
en un mediodía claro.
Heridas que se ven en la espalda
bajo una camiseta de algodón blanco:
el día que no fuimos, los puntos
suspensivos de un monólogo anterior,
manos que no corren bajo la blusa
y ya no desabrochan el sujetador
que no es de encaje. Ausencias
en el sillón de enfrente.
Heridas que se cierran
pero no cicatrizan
y se abren
y sangran
y duelen
y recuerdan
que los rasguños se perdonan
o siempre supuran.

FECHA DE CADUCIDAD

Hubo unidad,
y comunión,
la promesa de un mañana inagotable.
Hubo deseo,
y pasión,
la intención de formar algo grande.
Destellos en las manos,
chispas en los labios.
La quietud de los días de diario,
monotonía de cenas ante el televisor
con silencios entrecortados.
Pasos frenéticos en una calma
que nos llevó directos a la apatía; el tedio
insoportable del ser de al lado.
¿Un amor agotado? Rescoldos
sin avivar en una noche de diciembre:
están tibios, pero no arden.

LOS *Y SI...*

Pérdida
de
tiempo.

RUPTURAS

Tal vez fuiste tú,
tal vez fui yo,
pero no fuimos nosotros.

PIÉNSAME

Al menos una noche
de cada diez
con el orgullo
herido
mientras cierras la puerta.

NOCHES

Quemamos Madrid,
sus calles llenas de sueño(s).
Bebimos tequila en todos los bares,
los dedos nos sabían a sal,
los labios a limón.
Piel llena de necesidad.

MIEDO Y FANTASMAS

En la oscuridad tiemblo.
Me recuerda que los monstruos
habitan en el armario.
Me arrebujo en las sábanas
(de flores o rayas)
todavía frías,
todavía duras...
cubro mi cabeza.
Túmbate a mi lado,
quítame el miedo y los fantasmas,
vigila mis madrugadas
para que un día pueda conciliar
mis pesadillas.

A GRANEL

Su cuerpo yace
en una cama que ya está
                          fría.
Los brazos sobre la almohada,
la boca entreabierta, las piernas
                          también.
En la mesilla, un resumen de la noche anterior:
el sujetador negro, tabaco y mechero,
lubricante, crema de manos, los pendientes.
Sexo a granel.
Su última compra en unos grandes almacenes.

INTIMIDAD CONSCIENTE

Colección de orgasmos
en aumento.
Suma y sigue.
Felicidad pasajera
para un cuerpo acostumbrado
al placer caduco.
Un masaje
que desgarra.
Busca y anhela; no encuentra
su espacio necesario; ni
una intimidad consciente
que le acaricie el alma.

MINORISTAS

El espejo le devuelve una imagen
que no es reflejo. Ni el dibujo
de sus manos en el vaho.
Vio el futuro
frente a frente
y de reojo.
Deja la compra al por mayor
para volver a las tiendas del barrio,
a las cervezas
con dos besos de despedida,
al mensaje...
del día después.

CONFECCIÓN A MEDIDA

El sabor de un cuerpo extraño
se vuelve familiar.
Recovecos conocidos,
un mapa de lunares y cicatrices;
arrugas en los años
manchas en la edad.
El vistazo a los recuerdos,
un traje a la medida de aquel.

DESTINO

No está el mañana escrito,
tampoco el ayer...
recuerdos adulterados:
un pestañeo y tu mano
no rozó la mía,
un suspiro y tu camino
siguió de frente.
Fue más tarde, en otra vida.
Liberados del ayer...
y del mañana.
Tu vestido rojo,
mis pantalones vaqueros,
océanos de asfalto entre medias.
Una carrera sin meta clara
ni principio
ni final
ni recorrido.
Si está el ayer escrito,
también el mañana.

TÚ

No recuerdo el principio,
pero lo hubo. Un inicio
difuminado en ese mar de días
blandos y espesos.
Nuestro *Big Bang*, una parada de metro,
café, palabras y risas.
Luego una evolución constante
dejó de ser teoría para
constatarse en un hecho.
Un andén, una mañana tras otra;
cervezas agotadas,
una película a medias,
una cena inconclusa:
llegamos a ser nosotros.
Equipo sin capitán.
Ganadores en el arte de crear tradiciones;
el lado amable en lo incierto.
¿Y antes del *Big Bang*?
Solo teorías,
no hay respuesta clara.
Destino.
Azar.
Casualidades…
Diosidencias.

FAMILIA

Llegaste (¿por azar?)
te acogieron sin preguntas.
Tardaste en comprender que ellos
te forjaron, bien o mal,
como supieron,
a su manera.
A su manera proyectaron virtudes,
inseguridades y miedos;
te infundieron (o no)
la pasión por el (…); llenaron
tus días de recuerdos. Y donaron
sus vidas casi sin saberlo.
Perdonaron tus errores, alentaron
tus sueños, viste un día tu reflejo,
te reconociste en ellos.
Tienes los ojos de tu *adre, pero el
carácter es como el de tu *adre;
cuando frunces el ceño eres como tu *adre,
los andares son los de tu *adre,
¿Y esos gestos?
(…)
Eres fruto de un amor a veces inconsciente,
de las palabras, las decisiones acertadas
y las que no lo fueron tanto.
Dos niños en un mundo de adultos.
Eres fruto de ellos.

REGRESOS

Siempre hubo un horizonte
al que mirar: añil y blanco,
anaranjado y violeta. La tierra árida,
dorada y esteparia de la niñez aún temprana;
un paisaje que dejaste atrás
para regresar a cada etapa. Principio,
alto en el camino y final.
Recuerdo de un olvido que todavía no…
La imagen proyectada
en una pared de ladrillo oscuro:
llegó él, llegaron ellos para crecer y
abandonarse en un atardecer claro.
Crear una ilusión nueva en un lugar
diferente y manchar de colores vivos
el camino de regreso a casa.

AMANECERES

Una noche cualquiera golpeaste,
la ventana se abrió, pero no
entraste a decirme nada. El
viento en la espalda eriza la nuca,
agita los pensamientos;
corre, aún llegas a tiempo.
Noté tu mirada en lo oscuro,
un traspiés y me diste la mano; vigía
guardián y dueño de la dualidad
inequívoca. Sanador de un
cuerpo herido, cicatrices que ya no queman.
Llegaste de lo oscuro para dar
luz a mi alma. Y llenar
de amaneceres
mis pupilas.

HUBO PASIÓN

Tres lunares sobre la clavícula,
en el hombro la piel se repliega;
traza una historia que no sé…
todavía pienso en el fuego.
Se desató
            una tarde de agosto en tu colchón,
sigue ardiendo.
Una cana, indiscreta, en la sien,
un surco cercano a la mejilla;
memorizo rincones de tu cuerpo.
¿Qué fue primero: la pasión o la ternura?
La pasión, porque hubo fuego.
(…)
Tres lunares sobre la clavícula,
en el hombro la piel se repliega;
traza una historia que me sé…
de memoria: una tarde de pesca,
un anzuelo, dolor y sangre.
Dos canas platean tu sien,
hay una sombra ligera en la mejilla;
conozco de memoria tu cuerpo.
En nuestro colchón
                    siempre hay fuego
se prendió y no se extingue.
Hubo pasión, porque hubo fuego;
antes un cariño puro:
en el horizonte, se adivinó la ternura.

TODA LA VIDA

Duermes, y mientras lo haces yo vigilo.
Hace tiempo que soy
un *voyeur* de tus sueños,
espía en las madrugadas,
en las noches de calor, en blanco.
He observado el tiempo y el fluir
de la vida:
las primeras arrugas,
las primeras canas.
Manchas en unas manos que siguen
sosteniéndome a cada paso.
Duermes, y mientras lo haces yo pienso
en los años que han pasado
desde entonces.
Un bar, dos cervezas y el sonido
de una canción que no recordamos,
pero sonaba.
Las primeras veces.
Sucesiones de actos irrepetibles
aunque siempre parezcan iguales.
Un sí, de los que lo cambian todo,
ilusión, miedo y el vaivén de días;
la monotonía más dulce.
Duermes, y mientras lo haces yo persigo
recuerdos atados,
una pasión madura
que se hace grande en el silencio.

Un silencio maduro y amarillo.
De los que envuelven, de los que atrapan.
Una paz que cobra vida en lo caduco,
es temblorosa ante lo eterno,
y se refugia entre nosotros.

EL LOGRO DE LA QUIETUD

Una búsqueda incansable (inconsciente)
empuja. El camino es largo,
o corto.
Depende.
Sin manual, se enreda con el tiempo,
se dilata. Regala noches en vela,
ojos rojos y besos. Desencuentros,
desalientos, desvelos, des*. La meta
se distingue en la sencillez,
esfuerzo que no importa.
El logro de la quietud:
plenitud en medio de la calma.

EL MÁS FELIZ

> *En realidad nadie sabe que está viviendo el momento*
> *más feliz de su vida mientras lo vive.*
>
> *El museo de la inocencia,* Orhan Pamuk.

El día que planeamos una vida en común,
nuestra boda,
cuando descubrimos que seríamos otro más,
el día que nació Mariela,
nuestro segundo hijo de camino,
cuando los niños decidieron casarse,
el día que nació nuestro primer nieto
y el segundo
y el tercero…

EL (BUEN) CONFLICTO

Aspiramos a la calma. Ausencia
de conflicto y de conflictos:
la palabra suave, el conformismo
inaguantable.
Crece la sensación de apatía,
el ahogo de la opinión que
no cuenta. No hay (nunca)
decisiones comunes
sin una sana conflictividad.

AUSENCIA DE PESENTE

Si enamorarse significa la posibilidad de futuro, no tenerla cerca
es lo más parecido a carecer de presente.

"Vicente y el amor", Ana Iris Simón (*El País*)

Se fue una tarde cualquiera
de un día que no olvido,
pero se difumina
En ti permanece.
Aquel fue un *impasse* en tu camino.
Nunca te pregunté
cuánto lo habías echado de menos.
Ni si de verdad la ausencia,
carece de presente
y se ancla en un futuro
desgastado:
pasado, antes de llegar.

AL FINAL

YA NO LLORO

¿Por qué estaría yo fuera de tu mente, /
simplemente porque estoy fuera de tu vida?

La muerte no es nada, san Agustín

No negaré que lloré hasta quedarme seca,
con un dolor que nunca pude imaginar.
No negaré que cada mañana me cuesta
recordar que tu despertador ya no suena,
y que tampoco te has levantado antes de la cama.
No negaré que echo de menos tus manos torponas,
el beso en la frente…
Cada día te hablo y río, con más fuerza,
de aquello que nos hizo reír juntos.
Cada día te nombro, sin rastro de sombra.
Cada día repito que no estás lejos; solo al final
del camino.
Esperando.
Volveré a encontrar tu ternura.
Enjugo mis lágrimas.
Ya no lloro.

ACERCA DE LA AUTORA

Regina Navarro Moncayo nació en Albacete en 1991, pero fue en Madrid donde terminó sus estudios y empezó su trayectoria profesional. Es periodista de carrera y vocación. En los últimos años, ha colaborado con medios como *Vanity Fair, Papel* (el suplemento cultural de *El Mundo*) y en diversas revistas femeninas como *Glamour, S Moda* o *YoDona*. Actualmente trabaja en la edición digital de *¡HOLA!* Siempre ha compaginado su trabajo con la escritura de ficción, microcuentos y poemas.

En abril de 2021 publicó su primer poemario, *A contraluz*.

www.ingramcontent.com/pod-product-compliance
Lightning Source LLC
Chambersburg PA
CBHW061445160726
47995CB00003B/1047